動物が教えてくれた
愛のある暮らし

杉本 彩

幸せになりたい……。

アストルとミルバ

人はみんな、いつの時代もそう願いながら生きているのだと思います。
でも世の中は複雑で、人の心を惑わせる物事にあふれています。
愛されたい、認められたい、手に入れたい……。
人は、そんな欲望に惑わされて大切なことを見失いがちです。
けれど幸せとは、本当はとてもシンプルなもののように思います。
愛する心、慈しむ心、内からあふれる温かい思いに満たされて生きること。
真の幸せとは、愛のある暮らしの中にしか、
見つけることができないのではないでしょうか。

きなこ

ベティ

月子

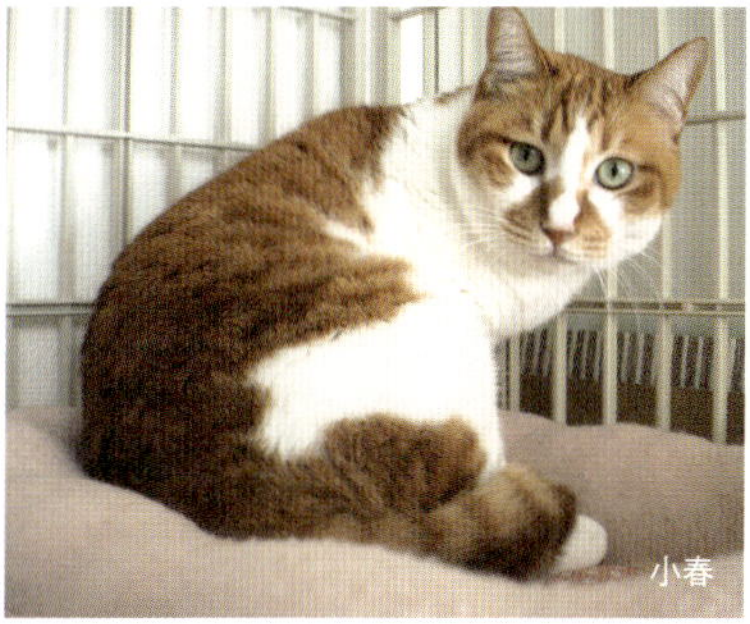

小春

でんじろう

Chapter 1

愛しい動物たちを守りたい

Chapter 2

「自分にやさしい」を基準に

Chapter 3

皆さんにできること　私にできること

Chapter 1

愛しい動物たちを守りたい

いつの暮らしも動物と

犬3頭、猫7匹と夫
大家族の楽しいわが家

物心ついた頃から動物が大好きで、いつも一緒に暮らしていました。犬や猫、鳥やうさぎ……。私の生活に動物がいない時期はほとんどなかったくらい。初めて迎えたのは小学校の低学年の時で、知り合いからシャム猫を頂きました。それからは、捨て猫を連れて帰っては親に頼んで飼ってもらうの繰り返し。多い時で6匹くらいいたでしょうか。毎晩一緒に眠り、まるできょうだいのように育ちました。

中学生の頃

小学生の頃

でも、別れは突然に……。ある日学校から帰ると、いつも出迎えてくれる猫が来てくれなくて。家中を探していると「うちの猫がいたずらをして隣の大家さんが困っていたので、ボランティア団体に引き取ってもらった」と母に告げられました。いたずら盛りの若い猫たちが引き取られたことは子ども心に深く傷つき、泣き暮らしたのを覚えています。そして悲しみとともに、自分はまだ自らの思いだけで動物と暮らすことができない〝子ども〟であるという現実に絶望し、「早く大人になって自分の意思で動物と暮らしたい」と心から思ったのです。

現在は、京都の家に犬3頭(小梅、きなこ、でんじろう)、猫7匹(ベティ、アストル、ミルバ、小春、マイケル、月子、ももじろう)がいます。そして大型犬のような夫も(笑)。以前は、東京の家で暮らしていた子もいますが、最近、京都へお引越ししました。犬や猫たちの生い立ちはさまざまで、全て保護された子たち。東日本大震災の被災地から迎えた子、飼育放棄により行政の管理センターに持ち込まれた猫や、外で暮らしていた飼い主のいない猫もいます。皆、心や体に大きな傷を負っていましたが少しずつ元気を取り戻し、今では見違えるほどに。とても幸せそうで、目を輝かせて生き生きと暮らしています。

うちの犬と猫は大の仲良しで、家に来られたお客さまに驚かれることもしばしば。互いに助け合いながら共生しており、じゃれ合ったり甘え合ったりする光景は、何ともほほ笑ましいものです。

仕事で家を空けることが多い私にとって、留守中、動物たちのお世話をしてくれる人は絶対に必要。１週間くらい東京へ行く時はチワワのでんじろうだけ連れて行き、他の子はいとこと夫の母が私に代わってお世話をしてくれています。

東京に猫がいた頃、家を空けるときは夫や事務所のスタッフ、プロのキャットシッターさんに頼っていました。猫たちが慣れた環境で余計なストレスを感じることなく留守番できるよう、シッターさんは20年近く同じ方に来ていただきました。引越し先はその方が来られる範囲から選んでいたので、引越しのたびに「このエリアは来られる?」と確認。新たに探せばいいのでは?と思うかもしれませんが、大切な家族の命を預けるのですから、心から信頼できる方にしかお願いしたくないのです。自宅の鍵も預けるほど、家族や親戚と同じくらい頼りになる存在でした。

2017年 小梅、きなこ、
でんじろうと自宅にて

運命的な出会い

1匹の子猫を保護して全てが変わった

ラジオのレギュラー番組で
猫の相談を受けた時の様子

私が動物愛護活動を始めたのは、1匹の子猫との出会いがきっかけです。24歳のとき、ドラマの撮影所の敷地で子猫を保護しました。その子は遠目からも様子がおかしいのが分かり、そばへ寄ってみると目の粘膜が膿んで腫れ上がっていました。前が見えづらいためか、しょっちゅうフラつき、歩くのもままならない状態だったのです。仕事中でしたが見て見ぬふりができず、「とにかく助けなければ」とマネージャーにキャリーケースを買ってきてもらい、撮影が終わってから病院へ。ウィルス性の風邪とのことでしばらく保護し、元気になったら里親さんを探すことにしました。

その子は2週間ほどで無事に退院。家へ連れて帰り、大切に育ててくれる方を探し始めました。すでに2匹の猫と暮らしていましたし、当時は芸能界入りしてまだ5年くらい。毎日が目まぐるしく過ぎていく中、これ以上、きちんと動物の世話をするのは難しいと思ったからです。

幸い、近所の方の紹介で譲渡先が見つかりましたが、長く一緒にいて情が移ってしまい、引き渡す時に不覚にも大泣きしてしまいました。毎晩、私の首元にピタッとくっついて眠るくらい甘えん坊で人懐っこい子だったので。里親さんも気を遣って「そんなにお辛いのであれば諦めましょうか?」と遠慮されるほどでしたが、かと言って、その場の感情に流されて手元に置いておくのは違うと感じたのです。

「この子のほかにも、助けを求めている動物はきっとたくさんいる。里親さんが決まった時は手放して、また誰かを助けてあげなければ……」

号泣しながらもふと冷静になり、自分に言い聞かせて里親さんの元へ。

チャリティーバザー

それが、命を救うことを意識して行った初めての保護でした。

たまたま出会い、どうしても見過ごすことができなかった――。動物愛護に携わっている方の多くは、こうした経験が活動のきっかけになっているのではないでしょうか。

そんな子猫との出会いを機に、地域の動物にアンテナを張るようになったからか、同じように助けを求めている猫に遭遇するシーンが増えました。まるで引き寄せられるかのように……。保護活動を個人的にしていくうちに、次第にご近所の方から相談が来るようになったのです。「いつもご飯を食べに来る野良猫がいるんだけど、どうしたらいい?」「子猫を拾ったんだけどどうしたらいいか分からなくて……」などなど。ある時は、「明日取り壊される廃屋で子猫が生まれた」との情報をキャッチし、夜中に懐中電灯を持って助けに行ったこともありました。

こうした活動にはどうしても食事や不妊去勢手術などの費用がかかるため活動費用を捻出しようと、そのうち近所のバイク工場を借りてチャリティーバザーを始め、自分の服やバッグ、靴などを売るように。職業柄、物も多かったですしね。手作りポスターで告知し、ご近所の方が大勢来てくださいました。もちろん私も、ウエストポーチにつり銭を入れて大忙しでした。

そして回数を重ねるにつれて地域の方が理解を示すようになり、里親になりたいと手を挙げてくださる方が増えていきました。その時、チャリティーバザーは動物問題を知っていただく啓発活動になっているという感覚を得たのです。

バザーの規模は大きくなり、区の施設を借りて開くまでに。「今度はいつやるの?」と心待ちにされる方も多く、トラックをお持ちの方が搬入を手伝ってくださったり、バザー用に品物を寄付していただいたり、商品の陳列や販売を買って出てくださったり。個人で始めた活動が、ご近所や地域の方を巻き込んで大きな輪に広がっていきました。

「一人でできることは限られているけれど、皆の声を集めれば大きな力になる」

チャリティーバザーで学んだことは、私の愛護活動のベースになっています。

マイケルとももじろう

使命感に駆られて

「Eva」を設立し動物愛護の普及活動を

地域から少しずつ活動範囲を広げ始めた頃、経営破綻した犬のテーマパークでたくさんの犬が放置され、衰弱した状態で見つかるという痛ましい事件がありました。報道にショックを受け、「どうしてこんなひどいことが許されるの?」「何か私にできることは?」とすぐさま現地へ向かいましたが、地元の方から話を聞く中で見えてきたのは、日本の動物を取り巻く厳しい実態でした。

2014年3月 Eva設立記念
セレモニーにて

目を覆いたくなるような虐待事件、大量消費・過剰供給される犬や猫、飼育放棄によって殺処分される命、ペットビジネスの裏側……。

「これらは保護活動だけでは解決しない。動物愛護の普及啓発活動もしなければ」

それを機に、さまざまな問題に正面から向き合い、できる範囲で啓発活動をスタート。ですが、活動の幅が広がるにつれ、私一人で国や行政（自治体）、企業を相手に動くには限界があると感じるようになりました。それに、どれだけ保護しても、根源にある問題を正さなければ何も変わらない。そう考えたとき、私の使命は、組織をつくって動物を取り巻く現状や問題を広く世の中へ伝え、声を集めて大きな力にして改善を目指すことだと思ったのです。

一般財団法人（後に公益財団法人）動物環境・福祉協会「Ｅｖａ」を立ち上げたのは２０１４年のことでした。Ｅｖａとはラテン語で「命」「命あるもの」という意味。全ての命は等しく、尊い。そんな思いを込めて付けました。

2018年5月 公明党の国会議員の皆さまに動物虐待について説明

2018年6月 元環境副大臣、関芳弘議員事務所にて動物虐待厳罰化について陳情

2018年10月 Eva主催「改正動物愛護管理法を考えるシンポジウム2018」第2部パネルディスカッションにて

2019年6月 Eva主催シンポジウム「動愛法改正のふりかえりと今後の課題」にて

動物に福祉を

日本は動物福祉後進国
現状を知ってほしい

Ｅｖａでは動物愛護の普及啓発や動物福祉の向上への取り組みなどを中心に活動しています。そう聞くと難しく感じるかもしれませんが、目指すのは「人と動物が幸せに共生できる社会をつくること」。とてもシンプルです。

具体的には、全国のイベントや講演会で話したり、動物に関する法律の改正や規制強化への政策提言などを国や各自治体に行ったりしています。目標は一朝一夕に実現できるものではなく、やらなければいけないことが山積み状態。中でも早急にすべきことの一つが、日本の法律の見直しです。

動物は日本の法体系では「モノ」というカテゴリーにくくられます。例えば、他人が飼う動物を故意に傷つけた場合、刑法では器物損壊罪に問われる。この「器物」という言葉でまとめられることに違和感があります。もちろん、「モノ」と言っても机や椅子などと同じ扱いをしているわけではありません。動物の管理に関する法律・動物愛護管理法の基本原則には「動物は命あるもの」と定義されていますが、法改正の場などにおいて、しばしば「モノ」として扱われ、議論が立ち行かなくなることがあるのです。命あるものは心身の喜びや苦痛を感じる存在であり、互いに守り合わなければなりません。器物＝モノという考えは動物には当てはまらない。「動物は命あるもの」という考えが法体系の中で当たり前の認識になることを願ってやみません。

動物愛護の意識が高いヨーロッパには、ペットだけでなく畜産動物を含めた全ての動物の健康的な生活や行動欲求が満たされた飼育方法を目指すアニマルウェルフェア（動物・畜産動物の福祉）という概念が根付いています。この観点に基づく世界初の動物保護法がイギリスのマーティン法で、1822年に制定されました。またイギリスは動物保護団体「RSPCA（英国王立動物虐待防止協会）」を1824年に設立するなど、ヨーロッパにおいてはもちろん、世界で最も早く動物保護の制度整備に取り組んだ国なのです。

日本でも動物虐待などの防止に向けて、1973年9月、議員立法により「動物の保護及び管理に関する法律」が制定されました。当時、日本は捕鯨問題で世界から非難が相次いでおり、エリザベス女王の初訪日や昭和天皇の訪英を前に、先進諸国に伍する動物福祉法を制定する必要に迫られていました（出典①）。つまり、「日本は動物虐待国」という外圧を避けるために体裁だけ整えようと急遽つくられたのです。

イギリスから150年近く遅れての法整備でしたが、現在の日本とイギリスの動物に対する配慮の差は縮まるどころか天と地ほどの開きに。日本では〝愛玩動物〟という考えが根強く、アニマルウェルフェアにおいては後進国と言わざるを得ません。

2016年6月 西川将人旭川市長に旭川の動物行政について陳情

意識を変える

命をバーゲンセールする日本
ペットショップで買わないで

人と動物が幸せに共生できる社会を目指して現在Ｅｖａで主に取り組んでいるのが「命の店頭販売はいりません」という訴え掛けです。

年間４３、０００頭以上（出典②）の犬や猫の命が無残にも奪われている殺処分の背景に、日本のペットビジネスがあります。テレビ番組やＣＭなどでかわいらしい姿が流れると、「飼いたい！」とブームが起こり、その需要に追い付くために生産者は短期間で無理な繁殖を繰り返します。

ペットショップの店員は「この子は全然ほえませんよ」「あまり散歩させなくていいので楽ですよ」といった無責任なセールストークで購買意欲を刺激し、消費者もその言葉をうのみにして動物に対する知識がほぼない状態で衝動的に購入し、ペットを迎えてしまうのです。

現在は法改正によって飼い主に終生飼養が義務付けられ、自治体は業者、そして個人からの持ち込みを拒否できるようになりました。個人が持ち込み、引き取ってもらえない場合はどうなるか――。遺棄または飼育放棄（ネグレクト）につながることは容易に想像できます。

一方、乱繁殖させる劣悪な繁殖業者の手に負えなくなった動物やペットショップの売れ残りたちはどうなってしまうのでしょうか。今、業者の持ち込みの受け皿になっているのが「引き取り屋」です。動物たちは安価で引き取られ、そこからまだ売れそうなら転売、もしくはボロボロになるまで子どもを産まされる繁殖犬に回されます。狭くて不衛生なケージに閉じ込められ、外にも出してもらえず、名前を呼ばれることもない……。病気になっても医療はおろか、食事や水もロクに与えられず闇で処分されるといった残酷な運命を辿るのです。

命をバーゲンセールする日本の市場……。果たしてこれはモラルのある社会の姿といえるでしょうか。日本のようにどこにでもペットショップがあり、その場に展示して販売している国は非常に珍しいです。海外ではこうしたビジネスモデルはあまり見られず、イングランドでは2018年に生後6カ月未満の子犬や子猫の販売を禁止してニュースになりました。同国では生後6カ月未満のペットを飼いたい場合は、認定されたブリーダーまたは動物保護施設から迎えなければならず、保護施設からの引き取りに加え、飼い主にも幼齢時の環境や親犬を把握するなどの意識向上が求められます。

これらの規制がない日本は、「かわいい」という衝動だけで何の覚悟もないまま誰でも簡単に飼えてしまう。そうした環境があるからこそ、飽きて捨てられる動物が絶えないことを知ってください。

また、ずさんなブリードをしている生産者が先天性の疾患があることを隠して流通させ、消費者の手に渡ってしまうケースもあります。そうなれば医療費もかかりますし、看病や介護が必要になり飼い主は大きな心労を伴う。もはや動物だけの問題とは言い切れないのです。

2019年版 Eva啓発ポスター
「命の店頭販売はいりません。」

商品にされている動物と消費者を守るためにも、日本のペットビジネスはもっと健全なものでなければなりません。犬や猫と暮らしたい方は、ペットショップでは買わずに、保護施設から里親になる道を選んでください。犬種にこだわる方は、適正なブリードをしているプロのブリーダーに親犬と子犬が一緒にいるところを見学させてもらった上で直接交渉をして迎えるという方法もあります。施設で飼い主を待っている犬や猫は、問題行動もなく治療なども済んだ子ばかり。施設にいる動物はなかなか新しい飼い主に慣れないと思われがちですが、愛情を持って接すれば必ず強い絆で結ばれ、かけがえのない家族になります。間違った先入観は捨てましょう。

ブームに乗らない冷静さはもちろん、その命に最期まで責任を持つ。命を迎えるとはそういうことで、覚悟がない場合は〝迎えない〟という判断も一つの優しさであり、責任ある選択だと私は思います。

〝知らない〟は罪深い

情報社会だからこそ
必要なことは意識的にキャッチ

動物を取り巻く環境は複雑で、私たち消費者は、自ら目的を持って調べなければ知ることができない事実が多くあります。現状を変えるには、まずは皆さんに真実を知っていただくことが一番。そして物事の仕組みの背景について知ろうとする気持ちを持つことが大事だと思っています。

私たちが目にするものはいつの間にか当たり前のものになってしまい、そこに疑問を感じることが少なくなっています。そうした社会で生きて

動物にとっては騒音であるスピーカーの隣に陳列されている大手スーパー屋上で開催されていた、ふれあい動物園

いると、目にしたもの、耳にしたものが間違いで問題であるということに気付きにくい。まずは、当たり前という刷り込みを捨て去る必要があります。

何か一つ情報を知れば、不思議といろんなことが気になり、「知らなければならない」という感情が湧いてくるでしょう。

例えば、いろいろな動物との触れ合いをうたった「ふれあい動物園」。そこに対して何か思うことはありますか？

「一度にたくさんの動物が見られてうれしい」「動物たちに癒やされた」。そんな声もあるでしょう。でも、アルパカやハリネズミ、ヒツジやフクロウ……。その施設は、それぞれの動物が本来生きるために必要な環境をきちんと再現できているでしょうか。全ての動物がその生態に配慮された湿度や温度、明るさの中で生きているとは到底思えません。

ペットショップの狭い飼育スペースの中、常に人の視線にさらされている動物たちを見て感じることはありますか。それを人間に置き換えて考えてみてほしいのです。

動物園の象がステップを踏むように体や足を振り続けているのはダン

スをしているわけではありません。それが、暮らす環境に適さない場所で長期にわたり飼育されていることによる異常行動だと、どれだけの方が知っているでしょうか。

フクロウカフェのフクロウは、夜行性にもかかわらず常に明るい店内で短く係留されています。夜行性の生き物は非常に聴覚が優れており、店内の音楽や人の話し声などは大きな負担に。人と同じ高さ、または低い位置に係留されていることもストレスの引き金となります。本来、野生で生きる動物が人間の住む環境下に置かれていることに、消費者は疑問を持つべきです。

目の前のことだけをうのみにせず、一度、視点を変えて物事の仕組みの背景を意識してみてください。そうすれば、ペットショップに展示されている動物を見て「かわいい」という思いよりも「売れなかったらどうなるの?」と身を案じる気持ちが生まれるはずです。自分の楽しさや欲望を満たす前に、冷静に考えてみてほしいのです。

背景の多くは、生産者や携わっている方にとっては気付かれたくない都合の悪いことばかりでしょう。消費者も目を背けたいと思うものかもしれません。ですが、私たちがそこに疑問を持たず気にも留めないままでは、誰がその問題に切り込んで動物たちを救うのでしょうか。〝知らない〟とはとても罪深いことなのです。

物を買うときも、無意識のまま手に取りそのまま消費するのではなく、その商品がどうやって生産され流通しているのか、なぜこんなに安い価格で販売されているのか……と背景に意識を持ってみてください。情報があふれる現代では、そうした裏側や真実の部分は浮かび上がってきにくいもの。だからこそ意識してアンテナを張り、自らキャッチしていくしかないのです。

業者に払い下げられた後の過酷な運命や殺処分の現状について皆が知るようになれば、売る側は社会から白い目で見られますし、ビジネスとして成り立たなくなるでしょう。「ペットをお金で買うなんて」という風潮になって、ようやく日本の市場改革に辿り着けるのです。

人と動物が幸せに共生できる社会への第一歩は、真実を知り、物事の仕組みの背景に目を向けること。その真実から一人一人が何かを感じ、学び、動くことから始まります。

一通のハガキから

知らなかった毛皮問題
私にできることは――

私が動物問題を広く啓発するようになったきっかけの一つに、動物の毛皮問題がありました。

地域で愛護活動をしていた30代の頃、一通のハガキが届きました。そこには「リアルファーの実態を知ってください」と書かれてあり、毛皮として利用されるために殺される動物や、化粧品開発のために実験の犠牲になる動物たちについて記されてありました。それを知って強い衝撃を受けたのです。

私が10代、20代の頃はまさにバブル時代。多くの人が当たり前に毛皮のコートなどを着ていましたし、私も頂いたものを含め数点、手元に置いていました。実態を知った時は後悔の念でいっぱいになり、知らなかったことへの恐ろしさを感じ、自分の無知さに嫌気がさしました。

それからリアルファーを着ることに違和感を持ち、私なりにメッセージを発信できないかと考え、リアルファーを使わないアパレルブランド「ディアエルザ」を立ち上げました。世の女性に「おしゃれのために動物の命を奪わないで」とストレートに訴えても恐らく理解は得られない。だったら、リアルファーにはできない、遊び心のあるデザイン、そしてフェイクだからこそできるファッションの楽しみ方を提案しようと思ったのです。

商品は、私が通っていたショップの方に作っていただき、初めはコートやバッグなどをショップで少しずつ販売。あくまで啓発活動のためのブランドでしたので、儲けは二の次でした。現在は手伝ってくれるメンバーや生産体制を整えるのが難しく、残念ながらブランドは休眠状態ですが、女性にとってファッションは、その人の感性や美意識、考え方、生き方までもが映し出されるもの。「ディアエルザ」は、地球や他の命にやさしい生き方を選びたいという方々へ向けて、本当のかっこよさ、美しさを提案するブランドであり続けたいので、いつか再開できればいいなとひそかに思っています。

これまでのファッションブランドの取り組みや動物愛護に対する思いを評価してくださり、2008年に海外のアニマルライツ団体「PETA」から「毛皮反対キャンペーンに協力してほしい」とのオファーがありました。国際的な運動における初のアジア人モデルとして選出してくださったのです。私の存在が少しでもお役に立てるなら、と二つ返事で協力することに。出来上がったポスターは、「毛皮? 裸でいいわ (Fur? I'd Rather Go Naked)」とのメッセージが書かれたボードを手に、ヌードでポーズを取るというシンプルなものです。

キャッチコピーやヌードのインパクトから、かなりセンセーショナルに映ったかもしれません。当時は動物愛護や動物福祉はおろか、毛皮問題においては今以上に意識が低い時代。そういった表現に理解を示さない方もいたでしょう。ですが、「その勇気と愛に感動した」「毛皮の問題を初めて知った」といった声とともに拍手を送ってくださった方が大勢いたのも事実。私自身、誰に何を言われてもやって良かったと心から思っています。

海外のアニマルライツ団体「PETA」の反毛皮広告に、「毛皮？　裸でいいわ（Fur? I'd Rather Go Naked）」と書かれた小さなプラカードを持ち、日本人初のヌードモデルとして出演。毛皮の製造工程を知ってから着るのを止め、毛皮反対キャンペーンに参加することで、たくさんの人に残酷でむごい扱いを受けて殺される動物の現状を知ってもらいたいと広告に臨みました

門川大作
京都市長と

2019年3月 京都動物愛護センターにて犬猫を飼うに
あたっての心構えを学んでいただくための講演
「飼う前に考えよう～より良い飼い主になるために～」にて

2019年4月 京都動物愛護センターボランティアスタッフ入学式にて認定証の授与

Chapter1
愛しい動物たちを守りたい

2019年6月 神奈川県動物愛護センター竣工・開所式後のセンター見学にて

法改正に向けて

動物虐待への
さらなる厳罰化を

1973年に制定された「動物の保護及び管理に関する法律」。制定当時のものはあくまで原型で、5年をめどに施行状況を確認し、必要な場合は法改正するよう定められています。時代の流れや動物が置かれている状況によって内容は改めなければならず、Evaでは8週齢規制や飼養管理基準、第1種動物取扱業の許可制など多くの問題を訴えてきました。

Evaが動き始めたのは2015年のこと。超党派議員で設立された

2018年4月 動物虐待厳罰化の請願署名の紹介議員になってくださった、太田昭宏議員に直接請願の束をお届けにあがりました

「犬猫の殺処分ゼロをめざす動物愛護議員連盟」の総会に呼んでいただいたのがきっかけです。そのご縁で17年3月から同連盟のプロジェクトチームにアドバイザリーとして参加することに。テーマごとに講師が招かれ、環境省や法制局を交えて議員の先生方と話し合いを重ねました。18年夏からは条文化作業にも参加し、会議は毎回3時間を超えました。

そんな中、2017年夏に埼玉県の元税理士が13匹の猫を虐待し、その様子を動画サイトにアップするという信じられない事件が起こりました。初公判と判決を傍聴しましたが、1年10カ月の求刑に対して4年の執行猶予という信じがたい結果を受け、「厳罰化しなければ、この問題をきちんと取り締まることはできない」とあらためて法改正への決意を固く誓ったのです。こうしている今も、苦しみから逃れられず、命を落とそうとしている動物たちがいるのですから……。

実際問題、器物損壊罪において、モノを壊すよりも動物を傷つけた方が罪は軽い――。動物の命を軽く見ている法律が動物虐待を助長しているという現実を早急に変えなければなりません。そこでＥｖａでは動物虐待の厳罰化について請願署名を集め始めました。１回目の署名活動は

２０１７年12月から18年７月６日までと期間が短かかったにもかかわらず、真筆とインターネットからの署名を合わせて約10万筆が集まりました。その後、国会会期末に不採択の結果を受けましたが、どうしても諦めきれず、すぐに署名を集め直し、次の法改正のタイミングでぶつけることに。結果、２回目の署名は真筆だけで約25万筆が集まりました。中にはお手紙も添えられており、読むたびに胸が熱くなり励まされました。

議連の会議でもたびたび動物虐待がテーマに挙がりましたが、残念なことに現場から聞こえてくるのは「他の法定刑とのバランスを欠くのでは?」「現在の2年以下を倍以上の5年以下に改正するなんて難しいのでは?」といった後ろ向きな声ばかり。動物が安心して生きていく環境を整えるのはこんなにも難しいことなのか……と現実を突きつけられることも多かったです。ですが、「皆さんの思いを無駄にはしない」と一進一退の中、可能な限りお会いできる議員の方へお話しするなど地道なロビー活動を続け、25万筆の署名が後押しになり、動物殺傷は「五年以下の懲役又は五百万円以下の罰金」と罰則の引き上げが全会一致でまとまりました。そして２０１９年６月、参議院本会議で「動物の愛護及び管理に関する法律等の一部を改正する法律」が無事成立したのです。

今回の改正では訴えてきた内容が全て反映されたわけではありません。問題点やさらなる課題も多くみられますし、まだまだ議論が不十分な点もあります。法が正しく運用されるよう、Ｅｖａでは引き続き議員の先生方や環境省を交え、議論を重ねていく考えです。

上・2018年1月 議連第12回PT「動物虐待事犯の取締りと罰則」をテーマに議論が交わされました
中・2018年1月 請願署名締め切り前のラストスパートに向けて、署名のご協力を呼び掛ける動画メッセージより
下・2018年4月 1回目に集めた請願書名を議員会館で紹介議員ごとに束ねるための作業の様子

日本初のアニマルポリス設置に向けて

命を見過ごさない動きを地方から

もう一つ、皆さんの動物愛護の意識を高めるために「勇気を持っていただく」ということも大切だと思っています。

動物虐待は全国各地で多発しています。意図的に殺したり傷つけたりすることはもちろんのこと、食事や水を与えなかったり病気になっても治療もせず放置するなど、必要な世話をしないことも虐待に当たります。

もしも、動物虐待に気付いた人が見過ごしてしまったら、その動物は一体誰が守るのでしょうか。言葉を持たない彼らは、空腹や恐怖、痛みの中でひたすら耐えて生きるしかない。皆さんの勇気で命が救われることを忘れないでください。

私は、動物虐待を取り締まる専門の公的機関「アニマルポリス」を設けるための署名活動を早い段階からスタートしてきました。行政や警察を巻き込んでの組織設立と、ハードルはとても高いものでしたが、諦めずに訴え続けてきたのです。

地道な努力が実を結び、２０１４年、兵庫県が動物虐待に関する相談や通報を専門に受け付ける電話窓口「アニマルポリス・ホットライン」を開設しました。ですが、開設はしたものの、まだまだ課題が多いというのが正直なところです……。

そのような中、嬉しい出来事がありました！　吉村洋文大阪府知事が、動物虐待防止に向けて日本初のアニマルポリス「おおさかアニマルポリス」を開設してくださったのです。

アニマルポリスの開設は私たちの悲願です。長い道のりでしたが、諦めず訴え続けてきたことが、ようやく大阪で実現します。動物虐待の厳罰化の法案が成立したのを受け、吉村知事が迅速に行動してくださったことに感謝の気持ちでいっぱいです。

吉村知事との出会いは2017年。大阪市長をされていた頃、市で「犬猫の理由なき殺処分ゼロ」を実現するための事業の一つとして、おおさかワンニャン特別大使に任命していただいたのが始まりです。非常に柔軟な考えをお持ちの方で、市の動物管理センター・おおさかワンニャンセンターを視察した際、こちらが指摘した内容の改善に率先して動いてくださいました。古くなっていた犬舎は視察の半年後には修繕のための予算を取ってくださっていましたし、臨床獣医師の数を増やすことにも積極的に働き掛けてくださった。私たちの声をどんどん形に変えてくださるとても頼もしい方で、知事になられたらいつか必ず実現してくださると信じていました。

「おおさかアニマルポリス」は、大阪府全域をカバーする動物虐待に関する共通ダイヤル（＃7122「悩んだら・わん・にゃん・にゃん」）を2019年10月に開設しました。大阪府警と情報共有しながら現地確認や立入調査を行い、不適正飼養の場合は行政指導、もしくは警察による検挙や摘発につなげていきます。

大阪府の動きをモデルケースに全国にアニマルポリスが設置されるよう、Ｅｖａでは今後、各都道府県の首長に呼び掛けていきたいと思います。地方から意識が高まり変わっていけば、最終的に国が一番遅れていることが証明され、やらざるを得ないという状況になります。そうやって風向きを変えていきましょう。

2018年7月 当時の吉村洋文大阪市長（現大阪府知事）と
大阪市住之江区にある、
おおさかワンニャンセンターを視察

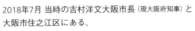

英国王立動物虐待防止協会

RSPCA

ＲＳＰＣＡ（The Royal Society for the Prevention of Cruelty to Animals：英国王立動物虐待防止協会）とは、今から約２００年前、１８２４年に設立された世界最古の民間動物福祉団体です。『すべての動物に対する虐待を防止し、動物たちへの思いやりの心を促進させ、彼らの苦痛を取り除くこと』を使命として活動しています。

スタッフは現在1、６５０人ほどで、その内の3分の1が査察官。査察官は約1年間獣医学や法学、動物のレスキューなどさまざまなトレーニングを積み、スキルを習得します。その他、法務や科学部門のスタッフもおり、各専門チームが一丸となって動物福祉の改善に取り組んでいるのです。

また、法律の改正や施行にも大きな役割を担い、イングランドとウェールズにおいては〃法の番人〃とも呼ばれています。

イギリスはヨーロッパの中で、最も早く動物保護の制度整備に取り組んだ国です。１８２２年、動物福祉という観点からつくられた「家畜虐待防止法」いわゆる「マーティン法」が成立。１９１１年には「動物保護法」。そして現在運用されている２００６年「動物福祉法」へと変遷しました。「動物福祉法」制定の際には、政府からＲＳＰＣＡに意見が求められるなど法改正にも大きな影響力を示しています。

動物福祉の法律としてのベースは２００６年制定の「動物福祉法」ですが、その他、さまざまな個別法や制度がイギリスには存在します。

例えば、動物種ごとの飼養管理基準を策定したガイドライン（code of practice）があります。この規範に対する違反はそれ自体罪にはなりませんが、動物福祉法第９条（動物本来の行動パターンを維持できるような飼養方法などを定めている条項）に基づき起訴された場合、証拠を裏付けるのに大きな役割を果たします。

また、動物の販売や繁殖に関しても法規制があります。例えば、販売業者に対しては、環境衛生研究所（ＣＩＥＨ：Chartered Institute of Environmental Health）が作成した「Model Licence

Conditions and Guidance for Dog Breeding Establishments」があります。ここでは、飼養施設基準、管理方法、病気のコントロール、緊急時の避難、輸送、繁殖犬の健康と福祉などについて規定しています。

例を挙げると、繁殖に関しては、「雌犬には一生のうち6回以上出産させてはならない」(Bitches must not give birth to more than six litters of puppies each in their lifetime.)など細かい規定がいくつもあります。

日本で動物に関する法律といえば「動物愛護管理法」あるいは、「狂犬病予防法」「ペットフード安全法」などが存在します。「動物取扱業者が遵守すべき動物の管理の方法等の細目」などの省令等も出ていますが、その内容の未熟さや曖昧《あいまい》さから動物種ごとの飼養管理基準については、今後具体化されていきます。また実験動物や産業動物に対しては独自の規定が必要で、まだまだやるべき課題は山積しています。

わんこ2頭と茶白の猫の3ショット
パピヨンの小梅は2010年に11歳で、チワワのでんじろうは12年に5歳でわが家にやって来た、崩壊した繁殖場からレスキューされた保護犬
Evaのポスター出演がきっかけで18年に迎えた地域猫出身のももじろうは、どこにいても、誰がいても動じないマイペースな優しい性格

でんじろうと茶白のももじろうとの3ショット
抱っこは嫌いだけど、気付くといつもそばにいるももじろうと、「ボクを可愛がって」アプローチが強いでんじろう。数日ぶりに東京から戻った時は、それぞれの距離感でいつも以上に甘えてきます

2011年に行政の動物愛護センターから迎えたアストルとミルバの兄妹
警戒心の強かった2匹もいつしか甘えん坊に

2019年7月 神奈川県山北町にある山地酪農を行っている薫る野牧場さんを視察
山地酪農とは人の手が入っていない草が生い茂っている山を、まず牛にきれいにしてもらい、その後人間が入り山の手入れや間伐、枝打ちなど林業の仕事をしながら、牛と共に山の管理をしていく酪農です

子牛3頭はオーナーさんの姿を見るやいなや、おやつを期待して遠くから走って近付いて来てくれました

人懐っこい牛は、頭や体をかいてあげると喜び、お返しに服をなめてくれました

Chapter 2

「自分にやさしい」を基準に

緩やかな思考に

日常でできる運動で
美しさを保つ

健康、美容、食事……。年齢を重ねるにつれ、自分にとって最適な基準が分かるようになりました。50代を迎えた今、全てにおいて「自分にやさしいこと」をベースに生活しています。

食事をするとき、運動するとき、仕事をするとき……。どんなときもこれがスタンダード。そこで過度に無理をしてしまっては、真の意味で心身ともに美しくなれないと考えているからです。

30代半ばはアスリート並みにジムに通って理想の体形に近づこうと体づくりをしていました。中でも、短時間で筋力を強めたり脂肪を燃焼したりできる加圧トレーニングの効率性が気に入りましたね。体のラインが思い通りに変化するのがとても楽しくて。30歳で始めたアルゼンチンタンゴのダンスにも役立ちました。でも40代に入ると、そこまで意識的に目標を持って体を作り上げるモチベーションがなくなってしまって……。

もちろんダンスパフォーマンスのお仕事の前は、今でも数カ月前から集中的にウォーミングアップしますが、普段はもう少し緩やかなエクササイズでいいかなと方向転換。美しく、正しい姿勢を保つためにインナーマッスルなどの体幹を鍛えることをベースとしました。姿勢がきれいなだけで美しさは何倍も増しますから。

10年ほど前は月2、3回、ジャイロキネシスやピラティスなどで体幹を鍛えていましたが、時間の調整が難しくなって長くお休み中。今は特別なことはほとんどしていません。強いて言えば、お腹をキュッと引っ込めながら歩いたり座ったりするのを意識的に行っているくらい。あとは、速く歩くこと。買い物袋を両手にスニーカーで軽く二駅くらいは歩きます。家でも動物たちのお世話でずっと動き回っていますしね。これも立派なトレーニングです。

ただし、日々の運動に加え、整体で体のゆがみを直したりマッサージで血流を整えたりするケアはときどきしています。大人の女性が理想の体に近づくためにはメンテナンスも大切です。無理なく運動し、たまにプロの手も借りる。年齢を重ねるにつれ、少しずつ考え方が緩やかになってきたようです。目標に向かってストイックにやり遂げる生真面目な完璧主義者だったのに（笑）。

Chapter2

「自分にやさしい」を基準に

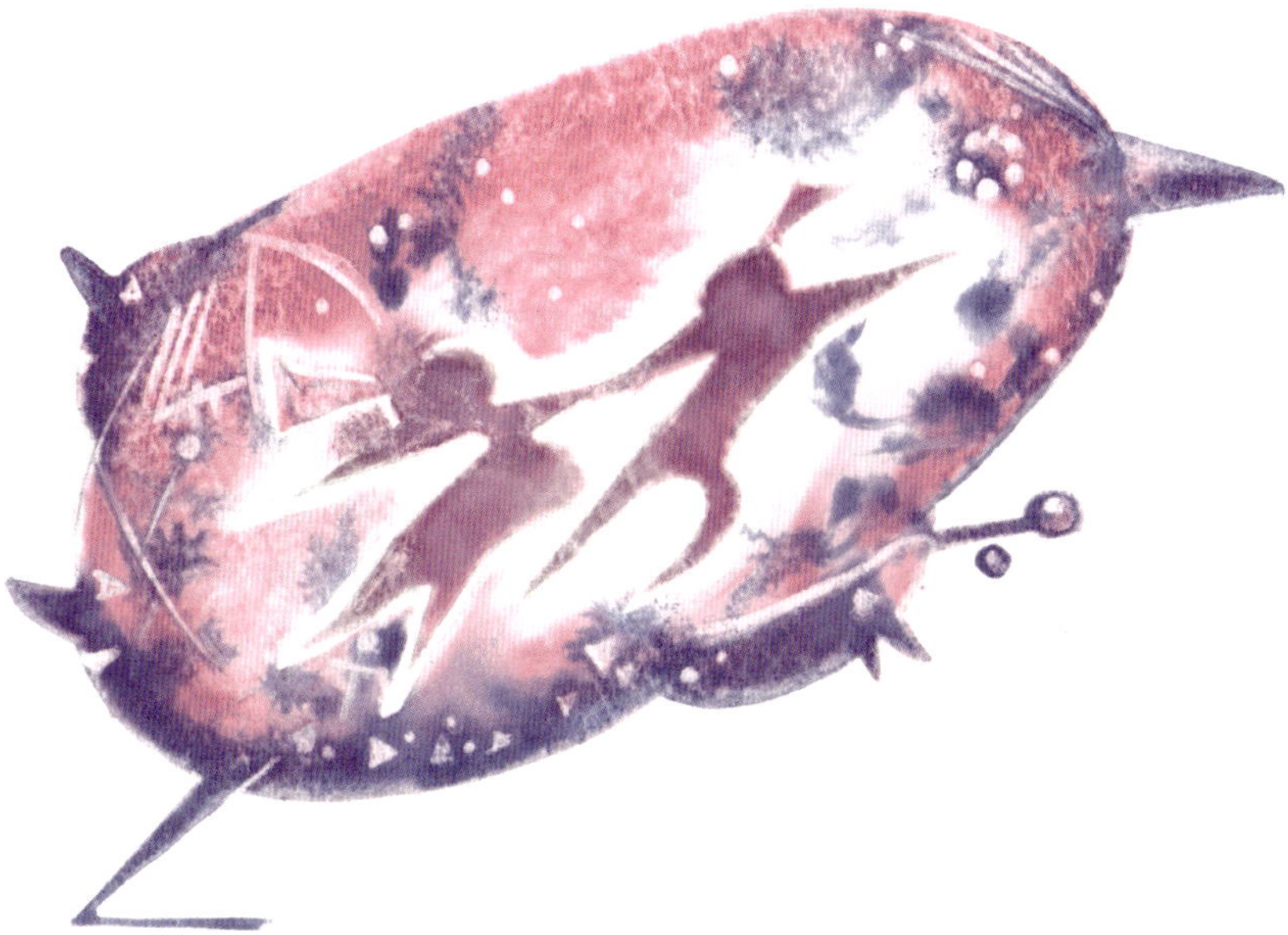

自社ブランド「リベラータ」の新製品発表会にて

イベント出演の際
楽屋にて衣装の記録撮影

車いすダンスの衣装合わせにて

テレビ収録後、使用衣装の記録撮影

30歳で始めたアルゼンチンタンゴ

車いすダンスでのパフォーマンス

© kaoring*works

成熟した美しさを

これからの目標は
美しく老いていくこと

女性はいつまでも美しくありたいと願うもの。もちろん私も同じですが、20代や30代の頃に戻りたいとは思っていません。若かった自分に固執するのではなく、年齢を重ねたことで得られる成熟した美しさと喜びを追い求めて過ごす方が楽しいと思うから。

実は20代の頃から早く大人になりたいと思っていました。「成熟」という言葉に憧れを抱いていたので。30代、40代は「美しく年を重ねる」という言葉がぴったりでしたが、50代に入ると「美しく老いていく」というフレーズがマッチするように。老いがそう遠くない話だと私自身意識し始めたことで、自らの方向性を見据えることができたのでしょう。

成熟した美しさはメイクやファッションといった外側からだけでは得られません。内面を磨くことも必要。だから、どんなこともプラス思考で自分に起こる全てのことを、いいことも悪いことも成長につなげていきたいと思っています。

美に対しては、「自然であること」を大切にしています。そのため過剰なアンチエイジングは一切しません。自然と美しく老いるというのが人として一番美しく正しい姿だと思うので、若さにしがみつくつもりはありません。でもおもしろいことに会う人会う人に「お肌、何かした?」「どこの病院でみてもらったの?」とすごく聞かれる(笑)。その秘密はズバリ、食べ物と化粧品。体づくりに対しては緩やかな考えになりましたが、この二つだけは徹底してこだわっています。

スキンケアも、「やさしい」を基準に選んでいます。実は、子どもの頃はアトピー体質で、もともとドライスキン。とても敏感な体質でした。冬になると顔や体がカサカサになってあげ句の果てに炎症で痒さを我慢できず、ステロイド入りの塗り薬を常備していたほどです。

一時、大人になって体質が変わったのか、10代後半から20代半ばまでは肌の調子も良好。日焼けもたくさんしました。でも、そのツケが回ってきたのが20代後半。ファンデーションがのらないほど肌の状態が悪くなったことがあります。花粉症で顔が腫れた時は顔の印象が変わってしまい、仕事にも影響するため深刻でした。さらに、年齢を重ねるにつれ、乾燥やシワといった悩みも増えていったのです。

そんなとき、胎盤エキスのプラセンタと出会い、その素晴らしい効能をサプリメントや化粧品から補えたらいいな、と考えるように。意を決して30代になって起業し、基礎化粧品とサプリメントを作り始めました。完成した「リベラータ」はリッチでありながら本当に肌にやさしい化粧品。私自身、大満足で毎日のケアに使っています。私のような敏感肌の方でも安心して使えますし、年齢を重ねた肌にもしっかりと満足感が得られる化粧品はなかなかないと思っています。

「人にも動物にも優しい化粧品でありたい」と、原料となるプラセンタもアニマルウェルフェア（動物・畜産動物の福祉）を厳しく守っている沖縄の畜産農場のものを使っています。その考え方に配慮したトレーサビリティの明確なプラセンタは、私の知るかぎり他にはありません。

そして、開発段階から原料に至るまで一切動物実験は行わず、これまで多くの命を犠牲にして得られた膨大な実験データを基に商品開発することを徹底しています。美を追求するためだけに動物を犠牲にすることは許されません。人の命と健康を守る医療においても動物たちに与えてきた苦痛や命の犠牲は最小限に食い止めるべきです。

「リベラータ」の製品打ち合わせ説明会にて

料理で愛情を伝える

食材選びはこだわり
メニューはシンプルに

撮影現場でのお仕事がない日、朝は犬や猫たちの体調をチェックして散歩へ出掛けます。戻ってから掃除をして動物たちの食事を準備。それが終わってようやく自分の食事準備に取り掛かります。

料理は愛情を伝える手段。夫や動物たちが口に入れる食材は厳選するようにしています。もちろん自分の健康のためや、肌をいい状態で保つためにも。若い頃は食品の質や安全性などを考えずに、好きなものを好きなだけ食べていましたが、あるとき、生活環境や口にするものが自分を作り上げるベースになっていることを自覚し、質の良さや食事のバランスに比重を置くようになりました。

野菜は自然農法で栽培されたものを農家の方に届けていただき、卵も放し飼いまたは過密飼育ではない平飼いの鶏の福祉に配慮した肥育をされている養鶏場から直接取り寄せています。時には食材と一緒に京都と東京の自宅を移動することもあります。

食材選びにこだわる反面、メニューはとってもシンプル。食材がいいとあまり手を加えない方が飽きずにおいしくいただけます。合成添加物の入った物を食べないようにしていると、味覚が洗練され、繊細な味を感じ取れるようになります。

今はお魚やお野菜、お米を使った食事が中心。鶏肉はときどきいただきますが、お魚の方が今の私に必要なものだと体が欲しているようです。

食べ物は美容に直結していますし、自分の体は自ら守らなければなりません。そのため、ハーブティーなども体調に合わせて必要な効能が期待できるオーガニックのものを選んで取り入れるようにしています。食べるものを厳選したことで明らかに体調や肌の状態が変わった実感がありますね。

家では動物たちのご飯も可能なかぎり手作り。栄養バランスの取れた質の良い食事を与えてあげたいと思っています。キッチンで食事を作っていると、皆、わくわくした顔で出来上がるのを待っている。一人でお鍋をしているときもそう。テーブルの周りにちょこんと座り始めるのです。作った料理をおいしそうに食べてくれる姿を見るのが何よりの幸せですね。

手作りの場合、メニュー決めや準備が大変と思うかもしれませんが、自分の食事と共通した食材を使えばそんなに手間になりません。「今夜はお鍋にするから、鱈を多めに買っておこう」「シチューにするからじゃがいもを使ったメニューにしよう」という感じです。

また、食事のたびに栄養バランスを完璧にするのは難しいので毎日食材を変えたり、市販の良質なドライフードを使ってバランスを調整したりします。これが無理なく続けられる私流のやり方です。

基本的に犬の食事を作っていますが、食べたがる猫にも分けてあげます。こだわっているのはおだし。料理に塩分は加えないので煮たり炒めたりするときは、鶏がらスープや昆布だしを使って深みのあるコクを出すようにしています。塩を入れれば、そのまま夫が食べても大丈夫なレベルです（笑）。

メニューはインスタグラムなどのＳＮＳで意識的にアップするようにしています。これも啓発活動の一つ。「結構簡単そう」「これなら自分の食事と一緒に作れそう」と思っていただけたら本望で、手作りのおいしい食事で動物たちの食べる喜びを満たしてあげる幸せを感じていただけたらうれしいです。

肉じゃが

材料

鶏せせり肉
じゃがいも
人参
椎茸
オリーブオイル
チキンスープ（塩分無添加、鶏ガラスープでも手羽先スープでも、参鶏湯のスープでもOK）
葛粉

作り方

1 椎茸をミルサーに入れて適量のチキンスープまたは水を入れてピューレ状にしておく。（ミルサーやミキサーがない場合はフードプロセッサーか包丁でみじん切りにしてもよいが、椎茸は消化が悪いので吸収を助けるため、なるべく細かくしておくのがオススメ）

2 深めのフライパンにオリーブオイルを入れ、鶏せせり肉と適当な大きさに切った人参とジャガイモを入れて炒める。

3 お肉にある程度火が通ったら、ピューレにした椎茸を加えてさらに火を入れる。

4 次に、チキンスープを加え野菜に火が通るまで煮込み、水で溶いた葛粉を入れて混ぜ合わせ少しトロミをつけて完成。

鰹のタタキサラダ

材料

鰹のタタキ
オクラ
シソの葉
キュウリ
山芋
鰹の無添加粉だし
オリーブオイル（エキストラバージン）

作り方

1 野菜はすべて細かく切り、鰹の粉だし少々とオリーブオイルで和える。
2 そこに、適当な大きさに切った鰹のタタキを入れて、さらに和えて完成。

［私のこだわり］

野菜は無農薬のオーガニックであること。
お肉もアニマルウェルフェアを考え健康に飼育された安全なもの。
オリーブオイルもオーガニックであること。
合成添加物の入っただしは使わず、可能なかぎり自分でだしをとること。

※肉じゃがは、チキンスープがなければお水でも構いません。私の場合は、より深みのあるおいしさにこだわり、チキンスープにしています。えのきや椎茸をピューレにして加えても深みとコクが出ます。

動物の命に感謝

口にするものは
自ら選ぶ時代に

私たちの暮らしはいろいろな生き物の犠牲の上で、さまざまな恩恵を受けて成り立っています。そこで忘れてはいけないのが、アニマルウェルフェア（動物・畜産動物の福祉）の考えです。

卵に加えて自ら選んでいるものの一つにお肉があります。夫がお肉を食べたいときや、犬たちに与えるときはアニマルウェルフェアに配慮されたグラスフェッドビーフやラムを選ぶようにしています。

グラスフェッドとは放牧により草だけを食べさせて育てること。自然の中で牛や羊をナチュラルかつストレスフリーな状態で育てることができるので動物が健康です。オーストラリアやニュージーランドでは盛んに取り入れられています。

ここで言うナチュラルとは、つながれることなく、好きな場所で草を食み、好きな場所で休憩して排泄するということ。そしてそのふんが養分となり、やがて草が生えてそれをまた牛が食む……といった本来の草食動物のあるべき自然な状態を指します。

現在、国内で生産されている牛は、脂肪を十分に蓄えさせるため、主に穀物で肥らせています。消費者がおいしいお肉と称する霜降り和牛や、安いお肉を大量かつ早いスピードで求めるあまり、家畜は劣悪な環境で動物らしい行動を抑制されながら飼育されているのです。

グラスフェッドやラムは放牧させるために広大な敷地が必要で、育成に時間がかかります。そのため、国内での生産は少なく、貴重なためお値段も張りますが、おいしく体に負担を掛けないお肉であることが分かります。牧草で育った牛のお肉は赤身の割合が非常に多く、しっかりとした歯応えと肉本来のうま味があります。また栄養価も高く、脂質の割合が低いことから低脂肪、低カロリーといいこと尽くし。本当のお肉の正しいおいしさを知っている人にとても好まれます。

すでに健康志向が高い方はお米やお野菜などはきちんと選ばれているかと思いますが、残念ながらお肉に関しては、消費者に情報が行き渡っていないのが現状です。まずはグラスフェッドビーフとラムの存在を知っていただきたい。グラスフェッドでしか出せない味の魅力を知れば消費者のニーズも高まりますし、生産者も本格的に牧草肥育を始めてくださるかもしれません。

動物の命に感謝し、アニマルウェルフェアに配慮されたものを適量いただく。口にするものは、自ら選ぶ時代なのです。

Chapter2

「自分にやさしい」を基準に

2018年10月 北海道八雲町中央に位置する「北里大学獣医学部附属フィールドサイエンスセンター八雲牧場」を視察
八雲牧場は、5月から10月まで広大な牧草地に牛を放牧。その間、牛はストレスの少ない環境で牧草のみを食べて育ちます
八雲牧場は、年間を通して購入飼料はゼロ。牧草を食べる→排泄→排泄物を地中の微生物が分解→草地の養分→草が茂る→牧草を食べる……といった資源循環型畜産です

One Healthから アニマルウェルフェアへ

「One health（One World, One Health）」という考え方をご存じでしょうか。

これは、動物と人とそれらを取り巻く環境、そして生態系は互いにつながっていることから、医療・衛生に関わる人が連携して取り組む考え方をいいます。

とりわけ畜産業では、感染症の治療や発育促進のために抗菌剤や肥育ホルモン剤が使われています。動物に使用されている抗菌剤は、人間の医療現場で使われる量よりも多く、２０１８年３月には、国産や輸入の鶏肉の半数から抗生物質が効かない薬剤耐性菌が検出されたとの報道がありました。これらの肉をご高齢や病気で免疫力の低下した方が口にした場合、治療のための抗生物質が効かなくなってしまいます。

現在の大型畜産の現場では、例えば酪農の場合、牛舎の中に牛が身動き取れない状態でつながれ、同じ場所で人間によってえさを与えられ、排泄をし、搾乳をします。また、本来草食動物の牛に、乳量増加と肥育のためにトウモロコシ等の穀類を大量に与えるため、内臓の病気が多発します。

現在、病気の治療が複雑または、体力低下により治療困難なことから食肉にならない家畜（不可食獣）が増えています。多頭化による病気を防ぐためにも、まずは畜産動物の飼育状況を改善し、健康的かつ個々の動物の行動欲求が満たされた飼育方法を目指すアニマルウェルフェアの考え方に対応していかなければなりません。本来暮らすべき環境で、行動欲求が満たされた状態で飼育することで、健康で安全で質の高い食品を得られるのです。

イギリスでは1960年代に、家畜の劣悪な飼育管理を改善させ、ウェルフェアを確立させるために、その基本として「5つの自由」が定められました。

1. 空腹と渇きからの自由
2. 不快からの自由
3. 痛みや傷、病気からの自由
4. 正常な行動を発現する自由
5. 恐怖や苦悩からの自由

この「5つの自由」は、家畜だけではなく、ペットや実験動物など、あらゆる動物のウェルフェアの基本になっています。

（参照：一般社団法人アニマルウェルフェア畜産協会ホームページより）

マイケルと一緒に

意識を広げて

いろんな声を受け入れて
周りに歩み寄る

私は動物愛護活動を通して、人間の本質を知ることができました。これは自らの人間形成においても非常に貴重な体験だと感謝しています。活動をしていると「世の中おかしなことが多すぎる」「人間とは本当に恐ろしい生き物」と絶望的な気持ちになることも多いですが、そこで諦めて目をそらすわけにはいきません。「誰かが行動しなければ、ますます悪い方向へ向かってしまう」。昔も今もその思いに突き動かされています。

人は面倒な部分を見て見ぬふりをしたり、都合のいいように解釈したりする生き物です。ペットショップにしても、店構えの雰囲気から「このお店だけは大丈夫かもしれない」と何の根拠もなく解釈してしまう。そのお店がどんな体裁をとっていても、動物を展示して販売する以上、犠牲が伴っているという事実を忘れてはいけません。

そうやってあらゆる角度からさまざまな視点で物事を見る力が備わったことにも感謝しています。多くを経験して、あらゆることに気付くためには人との関わりは避けられません。実に多くの方と関わってきましたので、正直傷つく場面も増えました。ですが、人のつながりの大切さやありがたさも痛いほど分かったのです。

子どもの頃は重度の人見知りで、気心の知れた人としか付き合いたくなかったですし、できれば家に一人でいるのが好きなタイプでした。小さいときから「白黒はっきりつけたい！」とかなり短気でけんかっ早い部分もあり、人との付き合いは得意ではなかった。ですが、時間が過ぎて振り返ったとき、それらの失敗や苦い経験が糧となり、いい変化や成長を遂げた自分がいることに気付きました。誰かと関わることで何かが実現し、そこから感動が生まれ世界が広がる。愛護活動からその真理を学んだことで、人に対する意識はずいぶん変わったように感じています。

もう一つ、「認める」ということもできるように。昔から「正々堂々」という言葉が好きで、自分や周りに対して真正面から向き合うスタンスでいました。感情に任せて自分の熱い思いを強い言葉で言うのは簡単ですが、それでは何も物事は前進しない。好転しないことを学んだのです。

人の数だけ立場があり、考え方がある。それは決して誰もが納得する正しいものではないかもしれません。ですが、まずはその未熟さをいったん受け入れて認め、そこから自分と相手が置かれている状態を客観的に見て、その場における最善策、着地点を考えながら対処していくという冷静さが備わりました。

そのおかげで、今では昔ほど感情的になることもないですし、どうしたら相手の思いを尊重し、傷つけずに自分の思いを伝えられるのか、理解してもらえるか、ということを考えて言葉を選ぶようになりました。本当の意味で、「相手を思いやる」ということができるようになったのかもしれません。

アストルと

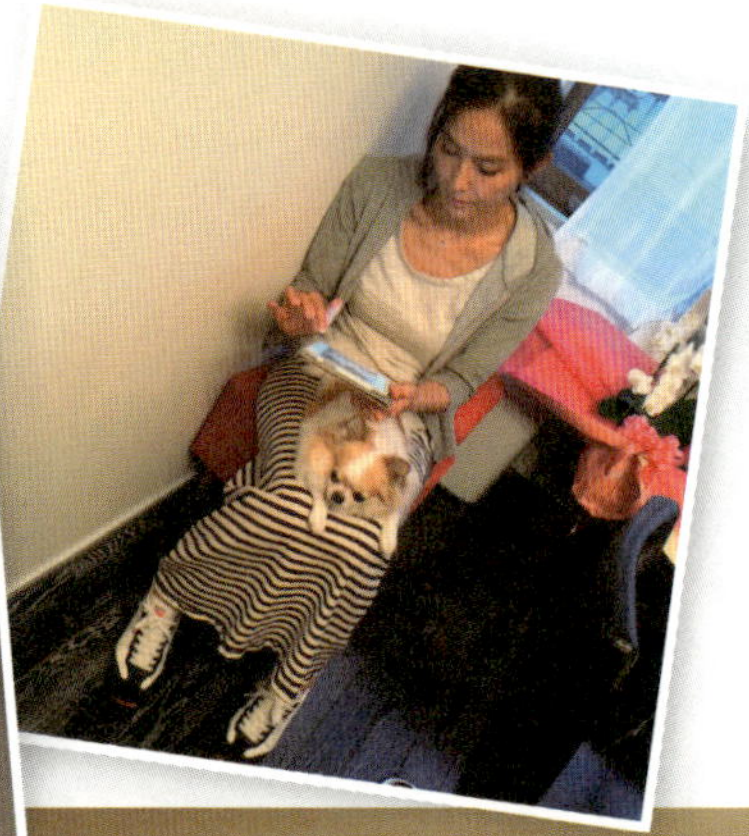

Chapter2

「自分にやさしい」を基準に

Eva カレンダー撮影中の一幕
犬や猫との撮影の時は、モデルとなる
子の負担にならないよう心掛けます

憧れの人

イタリアのカンツォーネやタンゴの歌手・ミルバです。

彼女は80歳近いのですが、とにかくかっこいい。機会があり、70代前半の頃のステージを見ましたが、圧倒されっぱなしでした。不思議なことに、40代、50代の時よりも70代になってからの方がさらに素敵なのです！

貫禄があって成熟していてエレガント。なのに大人の余裕から生まれるかわいらしさもある。30代の頃から、「こんな70代になりたい！」とずっと願っていました。50代を迎えた今もなお、その思いは強まるばかりです。

Chapter
3

皆さんにできること
私にできること

命を守る

掃除は動物と共生するための第一歩

動物との生活は楽しいことばかりではありません。一つの命を預かるという大きな責任が伴うもの。命を守り切るには、実は第一に掃除が大切です。動物のために清潔で快適な空間を保つことは、飼い主として当然の義務であり、互いが幸せに暮らすための基本だと思っています。どんな子にも共通して言えるのが、安心して過ごせる環境をつくってあげるということ。人よりも床に近い場所で生活していますから、床に転がっ

ているものを誤って飲み込んでしまう可能性がありますし、害のある食べ物を口にしてしまう危険性も。まずは共に生きる動物の目線になって考えましょう。

私の場合、取り立てて難しい掃除はしていません。心掛けているのは「気が付いたらすぐにやる」ということ。何かのついでに少しずつやっておく。その繰り返しです。また、「家中をピカピカにしなければ」と完璧を目指さないのもポイントです。そうするとかえって掃除をする気がなくなってしまいますし、動物が粗相をしてしまうたびに「どうしてまた汚すの！」とむやみに叱りつけてしまいかねません。

「気が付いたらすぐにやる」をしばらく続けて習慣になれば、溜め込んでまとめて掃除するよりもはるかに楽ですし、それほど苦にはなりません。日頃の積み重ねのおかげか、家に来られたお客さまに「こんなに動物がいるのに全く臭いがしない」「犬や猫の抜け毛も見当たらない」と驚かれます。

でんじろうの歯磨き

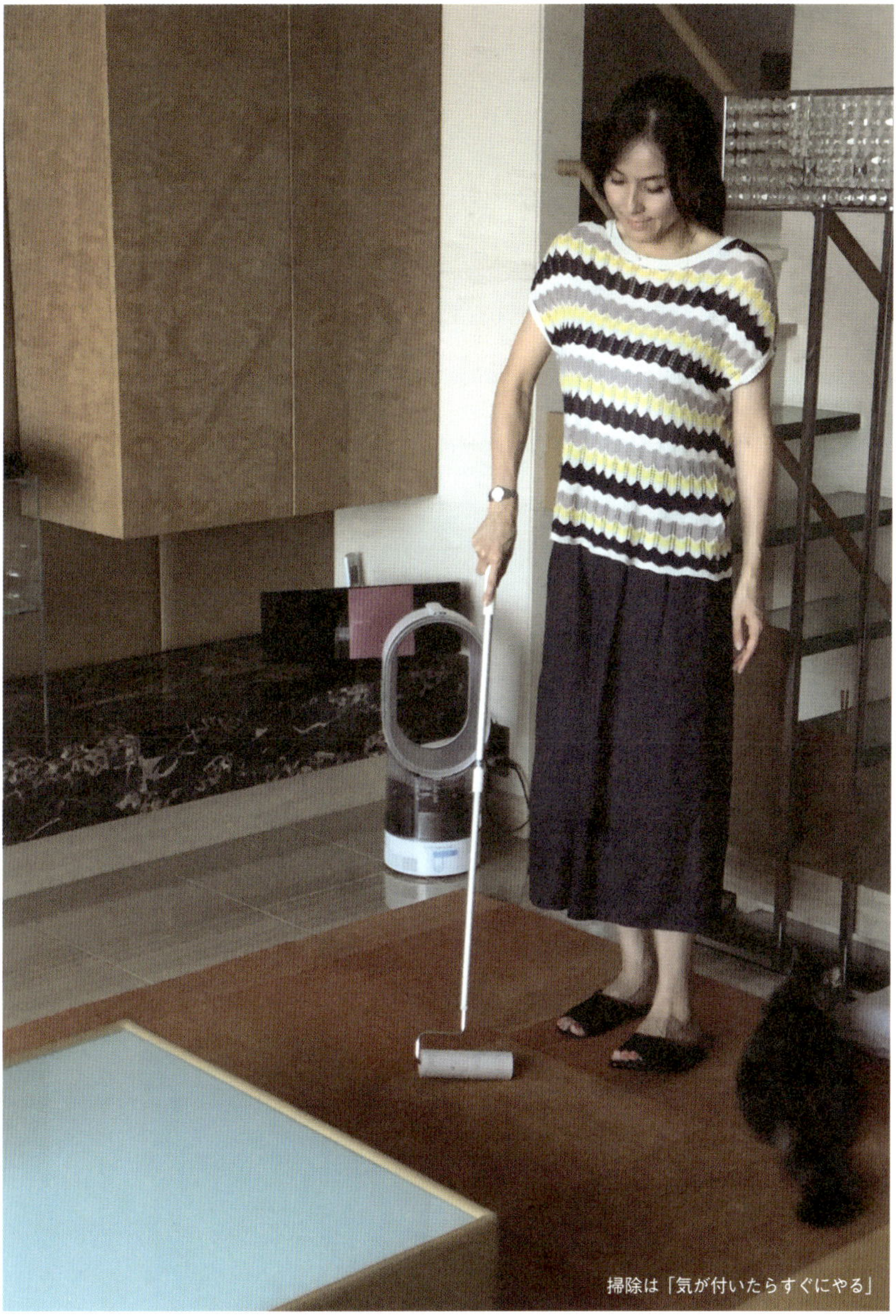
掃除は「気が付いたらすぐにやる」

「もしも」に備える

動物は大切な家族
助け合える環境づくりを

動物と暮らしている方は、自分に何かあってお世話をすることができなくなったときの「もしも」を考えてほしいのです。

動物から与えられる癒やしや喜び、楽しさといった恩恵だけを受け取り、自分が彼らのために何も与えないというのはとても身勝手なこと。大切な家族ということを忘れずきちんと備えておきたいですね。

病気や入院といった緊急時の預け先を見つけておくことや、自分に万一の事態が起きた場合を考えて次の行き先を見つけておくのは命を守る上でとても大事です。

そして自然災害。被害を受けるのは人間だけではありません。共に暮らす動物も怖い思いをします。ご存じのように、東日本大震災では人間の管理下にある多くの動物たちも犠牲になりました。被災地には飼い主をなくした動物が残され、私も里親を見つける活動のサポートに力を注ぎ、自らも里親になりました。災害はいつ、どこで発生するか予想がつかないもの。避けることのできない災害の被害をできるだけ小さくするためには、日頃の備えが欠かせません。

例えば、外出中に被災した場合を想定し、家に残された動物と共に避難してくれる方を考えておく。ここで言う、備えとはそういうことです。大規模災害では公的機関による支援が始まるまでは自分たちで乗り越えなければならず、自分と動物の身は自分で守る「自助」、そして近所の方や飼い主同士で助け合う「共助」の心が大切になります。同行避難が困難な場合を考え、普段からご近所の方や動物を通じたコミュニケーションを大切にし、助け合える環境をつくっておくことを心に留めておきたいですね。

ほかにも、避難所での生活を想定し、無駄ぼえしないようにきちんとしつけができているか、災害時の食事を考えて市販のフードの味にも慣れさせているか、といったことも備えの一つです。また、きちんとワクチン接種を済ませておくなどの健康面への配慮や、ケージに慣らすなどのしつけを含めた飼い主としての責任を果たす心構えが欠かせないことを忘れないでください。

そしてとても大切なのが、自分が暮らす地域の防災マニュアルで、避難所に一緒に入ることができるのか確認しておくことです。残念ながら、避難所の責任者と動物に関する取り決めを個別につくることはできませんが、マニュアルが定められていない場合、「避難所となる学校の校舎の何年何組から何組までは動物と一緒に避難する方のエリアとする」といった飼育管理ルールを事前につくっておけば、実際にそのような事態になった際、避難所での動物の受け入れが容易になるでしょう。私たち飼い主が進んで地域自治体と関わり、共に避難できるよう積極的に働き掛けなければならないのです。

（参照：環境省「災害、あなたとペットは大丈夫？ 人とペットの災害対策ガイドライン〈一般飼い主編〉」より）

2013年 いわき市のNPO法人動物愛護団体LYSTAのシェルターにて

2011年 宮城県動物愛護センターへ
支援物資を持って訪問

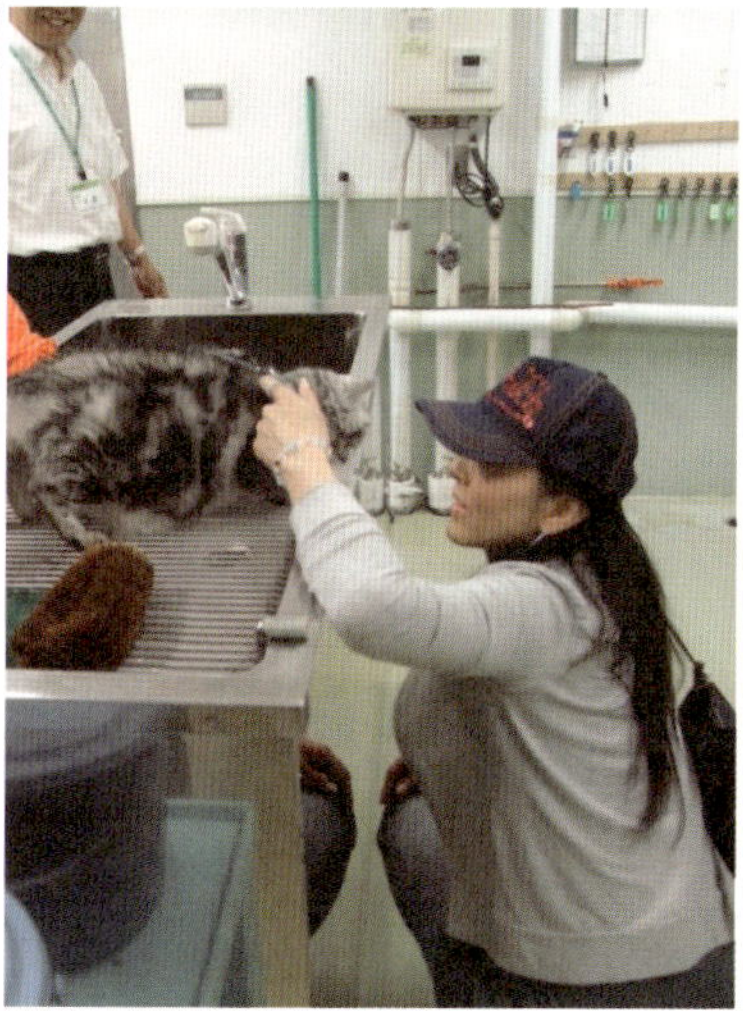

2011年 仙台市動物管理センターへ
支援物資を持って訪問

2013年 福島市動物愛護団体SORAの
シェルターにて

子どもたちに伝える

大切なのは〝温度〟のある学校教育

新聞記事を読んで意見をまとめるコンクールで、犬猫の大量繁殖場「子犬工場（パピーミル）」の記事を読んで書いた福井県の小学5年生の作文が最優秀賞に選ばれました。

「ペットはプレゼントに買ってもらう〝モノ〟ではなく、大切な命だ」と書かれていたのを読んで胸が熱くなり、愛護活動の意義や、物事の裏側をきちんと伝えることの大切さを、私自身あらためて実感できました。

人と動物が幸せに共生できる社会をつくる――。そのためには、次代を担う子どもたちの心を育てる教育も必要です。人の命も動物の命もかけがえのないもの。その尊さを教えることは、私たち大人に課せられた使命ではないでしょうか。

Ｅｖａでは動物の命を通した子どもの心の教育を行う「いのち輝くこどもＭＩＲＡＩプロジェクト」に力を入れており、これまで小学校の授業で講演をしたり、民間のサマースクールでトークイベントをしたりしてきました。動物の命に責任を持つとはどういうことなのか、ペットショップで売られている犬や猫はどういった環境で育てられてきたのか、動物愛護センターとはどういう場所なのか、捨てられたり売れ残ったりした動物はその後どうなってしまうのか……といった内容を通じて非力な動物の目線に立ってその気持ちを考えることの大切さを話しています。

小学校の授業では、講演後にグループに分かれて感想を発表してもらいます。「最期まで一緒に暮らしたいと思った」「小さいうちにお母さんやきょうだいと引き離されてかわいそう」といった素直な声を聞くと、「ああ、きちんと伝わっている」と実感します。

子どもはとても素直で、真実を知ったときの驚きや悲しみ、怒りを言葉や表情でストレートに表現し、「どうにかして助けたい」「できることはないの?」と一生懸命考える。話を聞いて感じたことを心の隅に置いてもらい、動物と接するときや家族として迎えるときに思い出してもらえたら……といつも願っています。そして子どもたちの声から動物の現状を知り、意識が変わったという大人が一人でも増えることにも期待を寄せています。

また、Ｅｖａをはじめとした動物愛護団体による講演会などの取り組み以上に必要なのが学校教育です。私は子どもたちへの啓発として、全国の小・中学校の道徳授業の必須項目として動物愛護を取り上げるべきだと考えています。

道徳の指導内容は学校の判断や授業に当たる先生の技量に任されており、現場ごとに格差が生まれています。弱い者を守る気持ちや思いやりの心を育てることは、どんな教育よりも優先すべきこと。Ｅｖａでも文部科学大臣をお訪ねし、「道徳の学習指導要領において、生命倫理の項目に『動物愛護』を必須項目として導入してほしい」と要請させていただきました。この時期に命について学ぶ道徳の授業は人格形成の基礎を養う重要なものであり、動物愛護活動の普及や意識向上においても大きなチャンスであると思っています。

さらに、道徳授業には〝温度〟が必要です。そのためには、指導する先生に「子どもたちにきちんと命の大切さを伝えたい」という熱く強い思いがなければならない。教科書を読むだけでは子どもたちには何も伝わらないのです。確固たる思いを持った上で正しく道徳を教えられる先生を育てていくプログラムも、今後必要になるかもしれません。

新聞コンクールの生徒のように、記事を読んで心が動いたという〝温度〟こそ、教育の現場に必要なのです。

2018年11月 福井県で行った講演会「今私たちにできることはなにか」では、
ネグレクトや法律の壁、そしてペット流通についてお話ししました

2018年11月 東村新一福井市長表敬訪問
飼い主の適正飼育や地域猫活動など一般市民への普及啓発をお願いしました

2019年2月 大阪府の小学校を訪問し「いのち輝く こどもMIRAIプロジェクト」を行いました
皆さん真剣に取り組んでくれました

教わったこと

命と向き合うことで得られた成長

もし私の人生に動物がいなかったら、こんなに穏やかで優しい心で幸せを感じる瞬間は訪れなかったかもしれない——。そう考えるときがあります。人生に喜びと感動、そして生きる意味を見出してくれた動物の存在に、私はどれだけ力をもらい、助けてもらったことでしょう。

私はこれまで、「癒やされたい」という気持ちで動物を迎えたことは一度もありません。かわいらしい姿に心が癒やされることはありますが、そ

Chapter3
皆さんにできること　私にできること

れはあくまで動物との暮らしの中で得られた幸せな結果の一つ。「癒やされたい」という人間の身勝手な都合で飼ってはならないのです。

人と関わりながら生きる動物は、人によってその暮らしの明暗が分かれます。だからこそ、私たちは動物に対する知識をきちんと身に付け、無責任な飼育放棄によって苦しめることがないよう、命と向き合わなければならないのです。

向き合う中で、教わることは数多くあります。実際、私も常に反省と勉強の繰り返しですが、動物との日々の暮らしで発見したこと、学んだこと、そしていつかやってくる別れの経験が、私自身の心の成長に大きな影響を与えてくれると知りました。私が動物を救っているつもりでいたのに、本当は私が彼らに救われているのだと今では感じています。

こうして毎日を幸せに過ごせるのは、本当に動物たちのおかげ。愛することの幸せとその価値を教えてくれたからです。そんな彼らに感謝の思いを込めて少しでも恩返しがしたい。これは、うちの犬や猫だけに限ったことではありません。この世に存在する全ての動物に対して、愛情を注がずにはいられないのです。

アストル

ミルバ

私の役割

芸能の仕事と
愛護活動をリンクさせて

私だからできることは——。芸能のお仕事、Ｅｖａでの活動においていつも探しています。
Ｅｖａを立ち上げた当初はまだまだ不安定で試行錯誤の連続でしたが、私の思いに賛同してタッグを組んでくれる仲間が大勢できました。心が落ち着いたことで活動も安定し、Ｅｖａがやるべきこともより明確になったと思います。

この社会で言葉を持たない動物は一番弱い存在です。その弱者に対して思いやりが持てない人間というのは、人に対しても持てないということ。動物問題は社会のモラルの問題であり、さらには福祉問題から環境問題、教育問題まで連動しているのです。このことをもっと周知させ、全ての健全化を見据えながら活動していかなければならないと感じています。

複雑な現代社会、なかなか世の中が変わらないことも十分分かっています。にもかかわらず、心のどこかで劇的に変わるタイミングがくることに期待している自分がいる。だから伝え続け、発信し続けているのです。そして、たとえそうならなかったとしても諦めてはいけないと、自らを励ましながら取り組んでいます。

メディアに対する役割も感じています。立場や知名度を生かすことで、今まで動物愛護に関心がなかった方、そのようなことに耳を傾けてこられなかった方たちに真実を知ってもらえれば本望です。

私の中で芸能のお仕事と動物愛護活動は常につながっています。愛護活動を通じて生きることの素晴らしさを学び、さまざまな経験を経て心の成長度、そして人間としての成熟度が増しました。「人として厚みが出た」という言葉がピッタリで、特に芸能のお仕事は、自分自身の成長度、成熟度が表現の幅や質にストレートに反映されるので、相乗効果は私にとって喜ばしいものでしかないのです。

芸能のお仕事をいただいたときは、「私が出演することで何が発信できるのか」ということを念頭に置いています。これからも二つの活動をリンクさせ、動物愛護活動のためにもなるのであれば、いろんなことに果敢に挑戦していきたいです。

芸能活動、日々の暮らし、経営者としての活動……。その全てが動物愛護活動に集約されています。これからも、さらに多くの時間をＥｖａの活動に捧げることができればと思います。そのためにも、今は芸能活動を頑張らなくてはいけません。愛しい動物たちへの恩返しは何年経っても終わらない。これからもずっと続きます。

Chapter3
皆さんにできること　私にできること

兵庫県芦屋浜にて

あとがき

昨今のニュースを見ていると、本当に悲しい気持ちになります。

環境問題を軽視した政治家の発言、救えなかった子どもの虐待死、自然破壊に伴う野生動物の悲劇。そして、猟奇的な動物虐待事件。経済の発展や利益ばかりを追求すると、自然や動物が必ず犠牲になります。過度なストレス社会では、弱者である子どもや動物にしわ寄せがいきます。この社会には、実にさまざまな惨くて悲しいことがあふれています。

また心に余裕のない社会では、人や動物に寛容になれないのかもしれません。ちょっとのことでも許さない利己的な人が増えたように思います。ＳＮＳの中に蔓延する無責任な拡散や根拠のない攻撃、過剰な自己承認欲求を満たすための偽りの行為。

また、YouTuberという利益を得る方法が生まれた今、危惧されることも多々あります。動物のかわいい映像が、日常の中の自然なワンシーンならいいのですが、無理矢理つくられたものである場合も絶対ないとは言えません。さらに想像を巡らすと、自己承認欲求を満たすためだけに、利益を得るためだけに、動物を入手するという人がいないことを祈るような気持ちになります。人間というのは、そこに利益が絡むと、実に巧みに悪いことを考え出す生き物であることは確かです。

ＳＮＳは有効に使えば素晴らしいツールだと思いますし、動物問題を知ってもらう啓発においても、今では欠くことができません。しかし、冷静に考えて、そこにある情報は確かなのか、その根拠となる発信元をしっかりとたどり、責任ある発信元なのか確認することは必須です。無責任な発信は、必ず誰かを苦しめます。動物愛護や保護活動においては、動物たちを救うどころか状況を悪化させてしまいます。救うチャンスを奪うことになったり、問題解決を妨げたりすることにもなりかねません。

また、ＳＮＳで頻繁に見られるのが、行政の施設で期限付きの命である動物たちの姿です。命に期限があるなんて、なんとも言えない悲しみが込み上げてきます。中には、無事に命がつながる子もいます。しかし、殺処分を免れたからと手放しでは喜べません。その先、適正な譲渡がなされたのか、動物の福祉が守られている環境にいるのか、幸せになって初めて、心から良かったと安堵の気持ちで喜べるのです。自分の主観だけではなく、動物の視点に立ってその気持ちを想像してみてください。そして、時には自らを客観視することで、より深い愛ある視点が養われるのだと思います。本書が、皆さまの愛のある暮らしの一助となることを願っています。

最後になりましたが、本書の素晴らしい企画をしてくださいました株式会社出版ワークスの工藤代表とスタッフの皆様に、心よりお礼申し上げます。

二〇一九年　深秋　杉本 彩

杉本 彩
女優、公益財団法人動物環境・福祉協会Eva理事長、
特定非営利活動法人全日本車いすダンスネットワーク特別理事、
化粧品ブランド「リベラータ」プロデューサー、株式会社ビメンド取締役社長、
京都動物愛護センター名誉センター長、おおさかワンニャン特別大使

動物が教えてくれた 愛のある暮らし

2019年12月31日　初版発行

著　者　杉本 彩
発行者　工藤 和志
発行所　株式会社出版ワークス
〒651-0084
兵庫県神戸市中央区磯辺通3-1-2　大和地所三宮ビル604
TEL.078-200-4106　FAX.078-200-4134
https://www.spn-works.com/

印刷所　株式会社光陽社
編　集　加来 政己
デザイン　HON DESIGN
イラスト　ノーブスミー
撮影協力　阿久津 知宏
犬丸 美絵
大脇 幸一郎
工藤 和志
中山 祥代
山城 昌俊（五十音順）

Published by Shuppanworks Inc.Kobe Japan
ISBN 978-4-907108-41-0 C0095

出典
①朝日新聞　2018年10月29日発行より
②環境省統計資料「平成16～29年度の犬・猫の引取り状況」より